SUSHI

SUSHI

LULU GRIMES

p

Entwurf und Realisation: Bridgewater Book Company Ltd
Fotos: David Jordan
Fachberatung: Jacqueline Bellefontaine

Parragon
Queen Street House
4 Queen Street
Bath BA1 1HE, UK

Übersetzung: Susanne Schmidt-Wussow, Berlin
Satz: Birgit Beyer, Köln
Redaktion: Antje Seidel, Köln
Koordination: Antje Seidel, Köln

Printed in China

ISBN 1-40544-112-7

HINWEIS

Sind Zutaten in Löffelmengen angegeben, ist immer ein gestrichener Löffel gemeint. Ein Teelöffel entspricht 5 ml, ein Esslöffel 15 ml. Sofern nichts anderes angegeben ist, wird Vollmilch (3,5% Fett) verwendet. Bei Eiern und einzelnen Gemüsesorten, z. B. Kartoffeln, verwenden Sie mittelgroße Exemplare. Pfeffer sollte stets frisch gemahlen werden. Sofern die Schale von Zitrusfrüchten benötigt wird, verwenden Sie unbedingt unbehandelte Früchte. Die angegebenen Zeiten in jedem Rezept sind grobe Richtlinien, die je nach Kochtechnik und Garzeit differieren können. Bei den Garzeiten können sich je nach Herdtyp und Heizquelle geringfügige Änderungen ergeben. Bei Verwendung des Backofens sollte dieser immer auf die angegebene Temperatur vorgeheizt werden. Für Garzeiten und Temperatureinstellungen bei Umluftherden die Anweisungen der Hersteller beachten. Kinder, ältere Menschen, Schwangere, Kranke und Rekonvaleszenten sollten auf Gerichte mit rohen oder nur leicht gegarten Eiern verzichten.

Bildnachweis
Die Bridgewater Book Company dankt Corbis Images für die Abdruckgenehmigung: S. 6, 8, 30, 52, 74.

INHALT

ROHER FISCH FÜR SUSHI

Sushi wird traditionell sowohl aus rohem als auch aus gekochtem Fisch hergestellt. Roher Fisch ist in der Verwendung nicht ganz unbedenklich, denn er könnte Bakterien und Parasiten enthalten. Das Einfrieren und anschließende Auftauen von rohem Fisch ist eine Teillösung und wirkt sich nicht günstig auf Konsistenz und Geschmack aus. Für alle Sushi-Rezepte in diesem Buch kann auch gekochter Fisch verwendet werden. Wenn Sie rohen Fisch bevorzugen, sollten Sie ein paar einfache Regeln befolgen.

Menschen mit bestimmten Erkrankungen (z. B. Diabetes oder Lebererkrankungen) oder geschwächtem Immunsystem sollten überhaupt keinen rohen Fisch oder rohe Schalentiere zu sich nehmen. Der Gehalt an Quecksilber, das aus natürlichen Quellen wie auch aus Industrieabwässern ins Wasser gelangt, ist bei älteren, größeren Fischen mit dunklem Fleisch meist höher, beispielsweise bei Schwertfisch, Königsmakrele und Thunfisch. Ältere Menschen und Schwangere (außerdem stillende Mütter und kleine Kinder) sollten auf diese Fische besser völlig verzichten.

Rohen Fisch kaufen

Beim Kauf von rohem Fisch sollten Sie besondere Sorgfalt walten lassen. Er muss so frisch wie möglich sein und von einem zuverlässigen Händler stammen. Kaufen Sie rohen Fisch nur bei einem Händler, der „Sushi-" bzw. „Sashimi-Qualität" anbietet. Dieser Fisch ist häufig zu Blöcken vorgeschnitten und braucht nur noch in Scheiben der benötigten Stärke zerteilt zu werden. Kaufen Sie Schalentiere nur aus geprüften Gewässern. Bringen Sie den Fisch nach dem Kauf in einer Thermotasche mit etwas Eis (normalerweise beim Händler erhältlich) direkt nach Hause und legen Sie ihn sofort in den Kühlschrank. Bereiten Sie ihn noch am Kauftag zu.

Rohen Fisch zubereiten

Lassen Sie den Fisch so lange im Kühlschrank, bis Sie alle anderen Anweisungen im Rezept befolgt haben. Bereiten Sie den Fisch dann zügig zu und stellen Sie das Sushi in den Kühlschrank zurück, sobald es fertig ist. Halten Sie alle Geräte stets sauber. Nehmen Sie das Sushi erst direkt vor dem Servieren aus dem Kühlschrank und lassen Sie es nicht über einen längeren Zeitraum außerhalb stehen. Im Idealfall sollten Sie das Sushi unmittelbar vor dem Servieren zubereiten.

So erkennen Sie, ob Fisch und Schalentiere frisch sind (gilt für rohe wie für gekochte Ware):

- Das Fleisch ist fest und springt nach dem Drücken in seine ursprüngliche Form zurück.
- Die Fischaugen sind klar und glänzend.
- Die Kiemen sind hellrosa oder rot und schleimfrei.
- Der Fisch riecht nach Meer, nicht „fischig".
- Die Schuppen glänzen und liegen fest an der Haut an.
- Offene Schalen von lebenden Venusmuscheln, Miesmuscheln und Austern, schließen sich fest, wenn man dagegenklopft.
- Lebende Krebse und Hummer bewegen sich.
- Garnelen riechen frisch.

So erkennen Sie, ob Fisch und Schalentiere gar sind:

- Gekochter Fisch ist undurchsichtig und lässt sich mit einer Gabel leicht in Stücke teilen.
- Garnelen nehmen eine rosa Färbung an, das Fleisch ist weiß und fest.
- Das Fleisch von Jakobsmuscheln wird undurchsichtig und fest.
- Venusmuscheln, Miesmuscheln und Austern sind gar, wenn sich die Schalen öffnen; werfen Sie Muscheln weg, die geschlossen bleiben.

Häufige Fischarten in Sushi- und Sashimi-Qualität

Maguro, Thunfisch (tiefrot)
Toro, fetter Thunfisch (Bauchfleisch, hellrot)
Hamachi, Gelbschwanz
Katsuo, Bonito
Saba, Makrele
Sake, Lachs
Hirame, Heilbutt
Suzuki, Meerbrasse
Unagi, Süßwasseraal (wird gekocht angeboten)
Tako, Oktopus
Ika, Tintenfisch
Awabi, Abalone
Kani, Krebs

Sushi besteht im Wesentlichen aus den unterschiedlichsten Garnierungen – am bekanntesten ist wohl roher Fisch –, die auf gesäuerten Reis gedrückt werden. Doch wie jeder Sushi-Liebhaber inzwischen weiß, ist diese kleine Köstlichkeit in Wirklichkeit noch viel mehr: ein Genuss für Augen und Gaumen und eine Freude bei der Zubereitung. Aber Sushi muss nicht unbedingt aus rohem Fisch hergestellt werden, denn auch aus gekochtem Fisch, Fleisch, Gemüse und Eiern lassen sich fantastische farbenfrohe Garnierungen und Füllungen herstellen. Sobald eine Zutat mit dem Geschmack von Sushi-Reis harmoniert, eignet sie sich für Sushi. In den Rezepten stellen wir Ihnen innovative kreative Sushi-Variationen vor, die sich mit europäischen Zutaten wunderbar zubereiten lassen.

Die Herstellung von Sushi erfordert ein wenig Übung, ist jedoch längst nicht so kompliziert, wie es zunächst den Anschein hat. Viele Geräte brau-

EINFÜHRUNG

chen Sie nicht, aber hilfreich sind sicherlich eine spezielle Bambusschale zum Anmischen von Sushi-Reis (Hangiri oder Sushi-oke), eine Holzform für gepresste Sushis (Oshi waku) und ein Holz-Reislöffel (Shamoji). Für gerollte Sushis benötigen Sie zusätzlich lediglich eine Sushi-Matte (Makisu). Und nun fangen Sie einfach an!

Gerollte Sushis (Maki-zushi) sind eine sehr beliebte Art der Sushi-Herstellung. Anders als bei Finger-Sushis (Nigiri-zushi), die relativ schwierig zuzubereiten sind, braucht man für gerollte Sushis nur ein wenig Übung. Auf einem Nori-Blatt (s. S. 24) werden Reis und Füllung verteilt, und das Blatt wird dann aufgerollt. Anschließend wird die Rolle in mundgerechte Stücke geschnitten, die mit der Schnittseite nach oben serviert werden, sodass die Füllung sichtbar ist. Sie können Sushi-Rollen aber auch im Ganzen servieren, dazu wickeln Sie sie einzeln in Frischhaltefolie. Sie eignen sich gut als Snack zum Mitnehmen für Erwachsene und auch für Kinder.

Gerolltes Sushi wird häufig mit frischem oder eingelegtem Gemüse, gekochtem Fleisch, Hühnchen oder Ente, gekochtem Fisch oder Meeresfrüchten gefüllt. Zur Abwechslung können Sie sie auch mit Schinken- oder Käsestreifen füllen. Sushi-Rollen enthalten nur wenig Füllung; Sie

TEIL 1
SUSHI SELBST GEROLLT

können also durchaus einmal etwas teurere Zutaten wie Hummer und Krebse verwenden. Auch der Durchmesser der Rollen bleibt Ihnen überlassen.

Sind die Rollen fertig, feuchten Sie ein sehr scharfes, großes Messer an, damit der Reis nicht kleben bleibt, und schneiden Sie die Rollen in Stücke. Traditionell wird Sushi in japanische Sojasauce (Shoyu) gedippt, aber Sie können je nach Geschmack auch Mayonnaise oder süß-scharfe Chilisauce verwenden. Gerollte Sushi geben hervorragende Snacks oder Vorspeisen für eine Dinnerparty ab. Richten Sie die Sushi-Stücke auf einem quadratischen oder rechteckigen Teller an, und setzen Sie ein wenig eingelegten Ingwer und Wasabi in eine Ecke.

SUSHI-REIS

ERGIBT 24 STÜCK

250 g Sushi-Reis

325 ml Wasser

1 Stück Kombu (nach Belieben)

2 EL Würzmischung (Sushi-no-ko) für Sushi-Reis

Den Sushi-Reis unter fließend kaltem Wasser waschen, bis das Wasser vollkommen klar bleibt; abtropfen lassen. Den Reis mit Wasser und Kombu in einen Topf geben und möglichst zügig zum Kochen bringen. Den Kombu herausnehmen, die Hitze reduzieren und 10 Minuten köcheln lassen. Den Herd ausschalten und den Reis 15 Minuten ziehen lassen. Den Deckel nicht mehr vom Topf nehmen, nachdem der Kombu entfernt wurde.

Den heißen Reis in einen Sushi-oke (große, sehr flache Schüssel) geben und die Würzmischung gleichmäßig auf der Oberfläche verteilen. Nun mit beiden Händen gleichzeitig weiterarbeiten: Mit der einen die Würzmischung mit raschen, schneidenden Bewegungen mit dem Shamoji (Löffel) unter den Reis mengen, mit der anderen dem Reis mit einem Fächer Luft zufächeln, damit er so rasch wie möglich abkühlt und schön glänzt. Vorsicht beim Vermischen mit der Würze – die Reiskörner dürfen nicht beschädigt werden. Zum Weiterverarbeiten sollte der Sushi-Reis idealerweise Raumtemperatur haben.

Reis ist der wichtigste Bestandteil von Sushi. Verschiedene Marken und Qualitäten von Sushi-Reis sind erhältlich. Bei allen handelt es sich jedoch um weißen Rundkornreis, der speziell als Sushi-Reis gekennzeichnet ist. Wenn Sie keinen Sushi-Reis finden, nehmen Sie einen anderen weißen Rundkornreis.

CALIFORNIA ROLLS

ERGIBT 24 STÜCK

1 Portion frisch zubereiteter Sushi-Reis (s. S. 10)

6 geröstete Nori-Blätter

Wasabi

1/2 reife Avocado, in dünnen Streifen

6 Stück Surimi, längs halbiert

5-cm-Stück Gurke, geschält und in Streifen

Zum Servieren

japanische Sojasauce (Shoyu)

eingelegter Ingwer

Den Reis in 6 gleich große Portionen teilen. Ein Nori-Blatt mit der glänzenden Seite nach unten auf eine Sushi-Matte legen und mit nassen Händen 1 Portion Reis gleichmäßig darauf verteilen. Dabei an der hinteren Kante 2 cm Nori frei lassen. Den Reis weder zerdrücken noch die Schicht zu dick auftragen – das Nori sollte durch den Reis hindurchschimmern.

Etwas Wasabi vorne auf dem Reis verteilen. 2 Avocadostreifen parallel zur Nori-Kante auf den Wasabi legen, dahinter 2 Surimi-Stücke arrangieren. Mit einer Reihe Gurkenstreifen abschließen.

Zum Rollen die Matte an dem Ende mit den Zutaten nach oben umschlagen und an der Nori-Kante mit Rollen beginnen. Die Matte nach oben ziehen und dabei mit gleichmäßigem, leichtem Druck weiterrollen. Die obere Kante der Sushi-Rolle mit Wasser anfeuchten, um sie zu verschließen. An den Seiten herausstehende Zutaten zurückdrücken. Die Ränder dürfen ruhig unfertig aussehen.

Die Rolle von der Matte nehmen und mit einem angefeuchteten, sehr scharfen Messer in 4 gleich große Stücke schneiden. Wenn Sie kein scharfes Messer verwenden, wird die Rolle beim Schneiden zerdrückt. Die Sushi-Rollen auf einem Teller anrichten. Mit den restlichen Zutaten ebenso verfahren. Mit Sojasauce, eingelegtem Ingwer und etwas Wasabi servieren.

Surimi, Krebsfleisch-Imitat, ist fast überall erhältlich. Es wird aus Fisch oder anderen Meeresfrüchten hergestellt und in kleinen Blöcken mit einem rosa Streifen auf einer Seite verkauft. Surimi wird für California Rolls verwendet, wegen seiner praktischen Form eignet es sich aber auch für andere Arten von gerolltem Sushi.

LACHS-SPARGEL-ROLLEN MIT MAYONNAISE

ERGIBT 24 STÜCK

6 Stangen grüner Spargel

1 Lachsstück à 150 g oder 150 g Lachsfilet in Sushi-Qualität, in 10 cm langen Streifen

1 EL Öl

1 Portion frisch zubereiteter Sushi-Reis (s. S. 10)

6 geröstete Nori-Blätter

Wasabi

1 EL japanische Mayonnaise

1 TL geröstete Sesamsaat

Zum Servieren

japanische Sojasauce (Shoyu)

eingelegter Ingwer

Den Spargel flach in einen mit kochendem Wasser gefüllten Topf legen und weich garen. Abgießen und abkühlen lassen.

Wenn Sie ein Lachsstück verwenden, dieses häuten und entgräten. Das Öl in einer Pfanne erhitzen und den Lachs auf mittlerer Hitze von beiden Seiten 8 Minuten braten, bis er gar ist. Abkühlen lassen und mit den Händen in große Stücke teilen.

Den Reis in 6 gleich große Portionen teilen. Ein Nori-Blatt mit der glänzenden Seite nach unten auf eine Sushi-Matte legen und mit nassen Händen 1 Portion Reis gleichmäßig darauf verteilen, dabei an der hinteren Kante 2 cm Nori frei lassen.

Etwas Wasabi vorne auf dem Reis verteilen, darüber ein wenig Mayonnaise verstreichen. Eine Spargelstange auf die Mayonnaise legen, Lachsstücke dahinter legen. Mit Sesamsaat bestreuen.

Zum Rollen die Matte an dem Ende mit den Zutaten nach oben umschlagen und an der Nori-Kante mit Rollen beginnen. Die Matte nach oben ziehen und dabei mit gleichmäßigem, leichtem Druck weiterrollen. Die obere Kante der Sushi-Rolle mit Wasser anfeuchten, um sie zu verschließen.

Die Rolle von der Matte nehmen und mit einem angefeuchteten, sehr scharfen Messer in 4 gleich große Stücke schneiden. Die Stücke mit der Schnittseite nach unten auf einem Teller anrichten. Mit den restlichen Zutaten ebenso verfahren. Mit Sojasauce, eingelegtem Ingwer und etwas Wasabi servieren.

Japanische Mayonnaise wird auch „Kewpie-Mayonnaise" genannt, weil der Hersteller das Kewpie-Püppchen im Logo verwendet. Die Mayonnaise wird in Plastikflaschen verkauft, die in einer mit dem Kewpie-Püppchen bedruckten durchsichtigen Folie eingeschweißt sind. Sie können stattdessen auch handelsübliche Mayonnaise verwenden.

SPARGEL-SHIITAKE-ROLLEN MIT PONZU-SAUCE

ERGIBT 24 STÜCK

6 Stangen Spargel

1 EL Öl

6 Shiitake-Pilze, in Streifen geschnitten

1 Portion frisch zubereiteter Sushi-Reis (s. S. 10)

6 geröstete Nori-Blätter

Wasabi

6 Stück Surimi, längs halbiert

Ponzu-Sauce

3 EL Mirin

2 EL Reisessig

1 EL helle Sojasauce

2 EL Bonitoflocken

4 EL Zitronensaft

Den Spargel flach in einen mit kochendem Wasser gefüllten Topf legen und weich garen. Abgießen und abkühlen lassen.

Das Öl in einer Pfanne erhitzen und die Pilze auf mittlerer Hitze 5 Minuten garen, bis sie vollkommen weich sind.

Für die Ponzu-Sauce alle Zutaten in einen kleinen Topf geben und zum Kochen bringen. Anschließend den Herd ausschalten und die Sauce abkühlen lassen.

Den Reis in 6 gleich große Portionen teilen. Ein Nori-Blatt mit der glänzenden Seite nach unten auf eine Sushi-Matte legen und mit nassen Händen 1 Portion Reis gleichmäßig darauf verteilen, dabei an der hinteren Kante 2 cm Nori frei lassen.

Etwas Wasabi vorne auf dem Reis verteilen. Eine Spargelstange darauf legen, 2 Stücke Surimi dahinter legen. Mit einer Reihe Pilzstreifen abschließen.

Zum Rollen die Matte an dem Ende mit den Zutaten nach oben umschlagen und an der Nori-Kante mit Rollen beginnen. Die Matte

nach oben ziehen und dabei mit gleichmäßigem, leichtem Druck weiterrollen. Die obere Kante der Sushi-Rolle mit Wasser anfeuchten, um sie zu verschließen.

Die Rolle von der Matte nehmen und mit einem angefeuchteten, sehr scharfen Messer in 4 gleich große Stücke schneiden. Die Rollen auf einem Teller anrichten. Mit den restlichen Zutaten ebenso verfahren und mit der Ponzu-Sauce servieren.

Shiitake-Pilze sind frisch und getrocknet erhältlich. Wenn Ihnen keine frischen Pilze zur Verfügung stehen, getrocknete Pilze 30 Minuten in kochendem Wasser einweichen, abtropfen lassen und das Wasser ausdrücken. Sie können nun wie im Rezept verarbeitet werden.

LACHSROLLEN MIT SIEBEN GEWÜRZEN

ERGIBT 24 STÜCK

1 Lachsstück à 150 g

Shichimi togarashi (Sieben-Gewürze-Mischung)

Chiliflocken

1 EL Öl

1 Portion frisch zubereiteter Sushi-Reis (s. S. 10)

6 geröstete Nori-Blätter

2 EL japanische Mayonnaise

Zum Servieren

japanische Sojasauce (Shoyu)

Wasabi

eingelegter Ingwer

Das Lachsstück häuten und entgräten. Großzügig mit Shichimi togarashi und etwas sparsamer mit Chiliflocken bestreuen. Das Öl in einer Pfanne erhitzen und den Lachs auf mittlerer Hitze von beiden Seiten 8 Minuten braten, bis er durchgegart ist. Abkühlen lassen und in große Stücke zerteilen.

Den Reis in 6 gleich große Portionen teilen. Ein Nori-Blatt mit der glänzenden Seite nach unten auf eine Sushi-Matte legen und mit nassen Händen 1 Portion Reis gleichmäßig darauf verteilen, dabei an der hinteren Kante 2 cm Nori frei lassen. Den Reis weder zerdrücken noch die Schicht zu dick auftragen – das Nori sollte durch den Reis hindurchscheinen.

Die Mayonnaise vorne auf dem Reis verteilen. Ein Sechstel der Lachsmenge darauf legen.

Zum Rollen die Matte an dem Ende mit den Zutaten nach oben umschlagen und an der Nori-Kante mit Rollen beginnen. Die Matte nach oben ziehen und dabei mit gleichmäßigem, leichtem Druck weiterrollen. Die obere Kante der Sushi-Rolle mit Wasser anfeuchten, um sie zu verschließen.

Die Rolle von der Matte nehmen und mit einem angefeuchteten, sehr scharfen Messer in 4 gleich große Stücke schneiden. Die Stücke mit der Schnittseite nach unten auf einem Teller anrichten. Mit den restlichen Zutaten ebenso verfahren. Mit Sojasauce, Wasabi und eingelegtem Ingwer servieren.

Shichimi togarashi ist eine Mischung aus sieben Gewürzen. Normalerweise besteht sie aus rotem Pfeffer, japanischem Pfeffer, Sesamsaat, Leinsamen, Mohn, gemahlenem Nori und getrockneter, gemahlener Mandarinenschale.

SCHWEINEFLEISCH TONKATSU-ROLLEN

ERGIBT 24 STÜCK

2 EL Mehl

1 Ei, leicht verquirlt

4 EL japanisches Paniermehl oder trockenes weißes Paniermehl

200 g Schweinefilet, in dünne Scheiben geschnitten

4 EL Öl

1 Portion frisch zubereiteter Sushi-Reis (s. S. 10)

6 geröstete Nori-Blätter

2 EL japanische Mayonnaise

Zum Servieren

japanische Sojasauce (Shoyu)

Wasabi

eingelegter Ingwer

Mehl, Ei und Paniermehl in separate Schüsseln geben. Die Filetscheiben nacheinander in Mehl, Ei und Paniermehl wenden. Die panierten Filetscheiben auf einen Teller legen und 20 Minuten kalt stellen.

Das Öl in einer Pfanne erhitzen und das Fleisch auf beiden Seiten braten, bis das Paniermehl eine goldbraune Färbung annimmt, was bei den dünnen Scheiben recht schnell geht. Die gebratenen Filetscheiben in Streifen schneiden.

Den Reis in 6 gleich große Portionen teilen. Ein Nori-Blatt mit der glänzenden Seite nach unten auf eine Sushi-Matte legen und mit nassen Händen 1 Portion Reis gleichmäßig darauf verteilen, dabei an der hinteren Kante 2 cm Nori frei lassen. Den Reis weder zerdrücken noch die Schicht zu dick auftragen – das Nori sollte durch den Reis hindurchschimmern.

Die Mayonnaise vorne auf dem Reis aufstreichen. Ein Sechstel der Fleischstreifen darauf legen.

Zum Rollen die Matte an dem Ende mit den Zutaten nach oben umschlagen und an der Nori-Kante mit Rollen beginnen. Die Matte nach oben ziehen und dabei mit gleichmäßigem, leichtem Druck weiterrollen. Die obere Kante der Sushi-Rolle mit Wasser anfeuchten, um sie zu verschließen.

Die Rolle von der Matte nehmen und mit einem angefeuchteten, sehr scharfen Messer in 4 gleich große Stücke schneiden. Die Stücke mit der Schnittfläche nach unten auf einem Teller anrichten. Mit den restlichen Zutaten ebenso verfahren. Mit Sojasauce, Wasabi und eingelegtem Ingwer servieren.

Japanisches Paniermehl (Panko), wird zum Panieren von Schweinefilets oder -schnitzel verwendet. Es absorbiert weniger Fett als normales Paniermehl, aber Sie können es auch durch handelsübliches Paniermehl ersetzen.

HUHN-TERIYAKI-ROLLEN

ERGIBT 24 STÜCK

1 Hähnchenbrustfilet, in Streifen geschnitten

2 EL Teriyaki-Sauce

1 EL Öl

1 Portion frisch zubereiteter Sushi-Reis (s. S. 10)

6 geröstete Nori-Blätter

5-cm-Stück Gurke, geschält und in Streifen geschnitten

Zum Servieren

japanische Sojasauce (Shoyu)

Wasabi

eingelegter Ingwer

Den Backofengrill vorheizen. Die Filetstreifen erst in Teriyaki-Sauce, dann in Öl wenden und in eine mit Alufolie ausgekleidete Grillpfanne legen. Das Fleisch etwa 4 Minuten grillen, dabei wenden. Mit dem Garsud in eine Schüssel geben und abkühlen lassen.

Den Reis in 6 gleich große Portionen teilen. Ein Nori-Blatt mit der glänzenden Seite nach unten auf eine Sushi-Matte legen und mit nassen Händen 1 Portion Reis gleichmäßig darauf verteilen, dabei an der hinteren Kante 2 cm Nori frei lassen. Den Reis weder zerdrücken noch die Schicht zu dick auftragen – das Nori sollte durch den Reis hindurchschimmern.

Die Filetstreifen in einer Reihe vorne auf dem Reis verteilen, dahinter eine Reihe Gurkenstreifen auslegen.

Zum Rollen die Matte an dem Ende mit den Zutaten nach oben umschlagen und an der Nori-Kante mit Rollen beginnen. Die Matte nach oben ziehen und dabei mit gleichmäßigem, leichtem Druck weiterrollen. Die obere Kante der Sushi-Rolle mit Wasser anfeuchten, um sie zu verschließen.

Die Rolle von der Matte nehmen und mit einem angefeuchteten, sehr scharfen Messer in 4 gleich große Stücke schneiden. Die Stücke mit der Schnittseite nach unten auf einem Teller anrichten. Mit den restlichen Zutaten ebenso verfahren. Mit Sojasauce, Wasabi und eingelegtem Ingwer servieren.

Teriyaki-Sauce eignet sich zum Nachwürzen oder Mitkochen und ist fast in jedem Asia-Shop erhältlich. Sie besteht aus Sojasauce, Mirin, Sake, Zucker und Ingwer und verleiht Speisen einen glänzenden süßlichen Überzug.

GARNELEN-AVOCADO-SPIESSE

ERGIBT 6 STÜCK

1 Portion frisch zubereiteter Sushi-Reis (s. S. 10)

6 geröstete Nori-Blätter

1 EL japanische Mayonnaise

1 TL abgeriebene Zitronenschale

12 gekochte Riesengarnelen, ausgelöst

2 reife Avocados, in dünnen Streifen

5-cm-Stück Gurke, geschält und in Streifen

6 Holzspieße

Den Reis in 6 gleich große Portionen teilen. Ein Nori-Blatt mit der glänzenden Seite nach unten auf eine Sushi-Matte legen und mit nassen Händen 1 Portion Reis gleichmäßig darauf verteilen, dabei an der hinteren Kante 2 cm Nori frei lassen. Den Reis weder zerdrücken noch die Schicht zu dick auftragen – das Nori sollte durch den Reis hindurchschimmern.

Die Mayonnaise mit Zitronenschale mischen und einen Teil vorne auf dem Reis verteilen. 2 Garnelen mit den Schwanzenden zueinander darauf auslegen, eine Reihe Avocadostreifen dahinter legen. Mit einer Reihe Gurkenstreifen abschließen.

Zum Rollen die Matte an dem Ende mit den Zutaten nach oben umschlagen und an der Nori-Kante mit Rollen beginnen. Die Matte nach oben ziehen und dabei mit gleichmäßigem, leichtem Druck weiterrollen. Die obere Kante der Sushi-Rolle mit Wasser anfeuchten, um sie zu verschließen.

Die Rolle von der Matte nehmen und mit einem angefeuchteten, sehr scharfen Messer in 4 gleich große Stücke schneiden. Wenn Sie kein scharfes Messer verwenden, wird die Rolle beim Schneiden zerdrückt. Die Stücke auf die Schnittseite legen und jeweils 4 auf einen Holzspieß stecken.

Nori-Blätter werden aus getrockneten Rotalgen (botanisch: Porphyra-Seetang) hergestellt und sind in verschiedenen Größen erhältlich. Die in Europa übliche Größe beträgt etwa 20 cm x 22 cm und ist für die in diesem Buch vorgestellten Rezepte meist gut geeignet. Sollte eine kleinere Größe erforderlich sein, können Sie die Nori-Blätter mit einer Schere auf die gewünschte Größe zurechtschneiden. Kaufen Sie möglichst Nori-Blätter mit der Aufschrift „geröstet". Diese sind krosser und geschmacksintensiver als ungeröstete. Sie können die Blätter jedoch auch selbst rösten, indem Sie die matte Seite kurz über eine offene Flamme halten. Beim Rollen müssen die Blätter stets mit der glänzenden Seite nach unten auf der Matte liegen.

INSIDE-OUT CALIFORNIA ROLLS

ERGIBT 24 STÜCK

1 Portion frisch zubereiteter Sushi-Reis (s. S. 10)

6 geröstete Nori-Blätter

1/4 reife Avocado, in dünnen Streifen

6 Stück Surimi, längs halbiert

5-cm-Stück Gurke, geschält und in Streifen

3 EL geröstete Sesamsaat

Den Reis in 6 gleich große Portionen teilen. Die Sushi-Matte mit Frischhaltefolie auslegen, damit der Reis nicht daran kleben bleibt. Ein Nori-Blatt mit der glänzenden Seite nach unten auf die Matte legen und mit nassen Händen 1 Portion Reis gleichmäßig und lückenlos darauf verteilen. Das Nori-Blatt umdrehen, sodass die Reisschicht auf der mit Frischhaltefolie ausgelegten Matte liegt.

Eine Reihe Avocado vorne auf dem Nori parallel zur Kante auslegen, 2 Stücke Surimi dahinter legen. Mit einer Reihe Gurkenstreifen abschließen.

Zum Rollen die Matte an dem Ende mit den Zutaten nach oben umschlagen und an der Nori-Kante mit Rollen beginnen. Die Matte nach oben ziehen und dabei mit gleichmäßigem, leichtem Druck weiterrollen. Die Sesamsaat auf einen Teller geben und die Sushi-Rolle so darin wälzen, dass der Reis mit Sesam bedeckt ist.

Die Rolle mit einem angefeuchteten, sehr scharfen Messer in 4 gleich große Stücke schneiden. Wenn Sie kein scharfes Messer verwenden, wird die Rolle beim Schneiden zerdrückt. Die Stücke mit der Schnittseite nach unten auf einem Teller anrichten. Mit den restlichen Zutaten ebenso verfahren.

Sesamsaat ist ungeröstet und geröstet erhältlich. Gerösteter Sesam entfaltet einen intensiveren Geschmack. Wenn Sie nur ungeröstete Sesamsaat finden, rösten Sie sie in einer heißen Pfanne ohne Fett, bis sie goldbraun wird und zu duften beginnt.

INSIDE-OUT-ROLLEN MIT RINDFLEISCH-TERIYAKI

ERGIBT 24 STÜCK

150 g Hüftsteak, Fettrand abgeschnitten

2 EL Teriyaki-Sauce

1 EL Öl

1 Portion frisch zubereiteter Sushi-Reis (s. S. 10)

6 geröstete Nori-Blätter

2 Frühlingszwiebeln, in schmale Streifen geschnitten

3 EL geröstete Sesamsaat

Das Steak mit einem Fleischklopfer oder Nudelholz flach und zart klopfen. In der Teriyaki-Sauce wenden und eine Stunde marinieren. Das Öl in einer Pfanne erhitzen und das Steak von jeder Seite 3 Minuten braten. Anschließend in dünne Streifen schneiden.

Den Reis in 6 gleich große Portionen teilen. Die Sushi-Matte mit Frischhaltefolie auslegen, damit der Reis nicht daran kleben bleibt. Ein Nori-Blatt mit der glänzenden Seite nach unten auf die Matte legen und mit nassen Händen 1 Portion Reis gleichmäßig und lückenlos darauf verteilen. Das Nori-Blatt umdrehen, sodass die Reisschicht auf der mit Frischhaltefolie ausgelegten Matte liegt.

Ein Sechstel der Rindfleisch-Streifen an einem langen Ende auslegen, darüber Frühlingszwiebeln verteilen und diese mit etwas Sesamsaat bestreuen.

Zum Rollen die Matte an dem Ende mit den Zutaten nach oben umschlagen und an der Nori-Kante mit Rollen beginnen. Die Matte nach oben ziehen und dabei mit gleichmäßigem, leichtem Druck weiterrollen. Die restliche Sesamsaat auf einen Teller geben. Die Rolle von der Matte nehmen. Die Sushi-Rolle so in der Sesamsaat wälzen, dass der Reis mit Sesam bedeckt ist.

Die Rolle mit einem angefeuchteten, sehr scharfen Messer in 4 gleich große Stücke schneiden. Wenn Sie kein scharfes Messer verwenden, wird die Rolle beim Schneiden zerdrückt. Die Stücke mit der Schnittseite nach unten auf einem Teller anrichten. Mit den restlichen Zutaten ebenso verfahren.

Für dieses Rezept können Sie auch Huhn, Lachs oder Tofuscheiben verwenden. Ersetzen Sie das Rindfleisch einfach durch dieselbe Menge der entsprechenden Zutat, und befolgen Sie das Rezept wie oben beschrieben.

Dieser Sushi-Typ, in gepresster (Oshi-zushi) oder loser Variation (Chirashi-zushi), ist am einfachsten herzustellen, da er weder gerollt noch in einer bestimmten Weise mit der Hand geformt werden muss. Gepresstes Sushi und Kasten-Sushi (Hako-zushi) werden in einem dreiteiligen Bambuskasten hergestellt, dem so genannten Oshi waku; eine eckige Kuchenform mit herausnehmbarem Boden oder eine Terrinenform mit herunterklappbaren Seiten leisten aber ebenso gute Dienste. Wenn Sie nur eine feste Form besitzen, bereiten Sie das Sushi einfach in umgekehrter Reihenfolge zu: Zuerst die Garnierung in die Form legen, dann den Reis darüber festdrücken und das fertige Sushi aus der Form stürzen. Wenn die Garnierung in diagonalen Streifen verteilt und das Sushi in Blöcke geschnitten wird, ergibt das ein schönes Streifenmuster. Nach dem Stürzen einige Minuten ruhen lassen, damit sich der Geschmack entfalten kann. Verwenden Sie

TEIL 2 BELEGTES, GEPRESSTES & LOSES SUSHI

zum Schneiden ein sehr scharfes Messer, das Sie vor jedem Schnitt mit einem feuchten Tuch abwischen.

Chirashi-zushi wird in Japan auch „Hausfrauen-Sushi" genannt, weil dieser Sushi-Typ am häufigsten zu Hause zubereitet wird. Sie brauchen dazu pro Person eine hübsche Servierschüssel. Besonders schön wirken rote und schwarze Lackschalen, Sie können jedoch auch jede andere beliebig große Schüssel verwenden. In diesem Kapitel werden einige Garnierungen für Chirashi-zushi vorgestellt; Sie können jedoch wie bei einem Reissalat auch verschiedene andere Zutaten und Kombinationen ausprobieren.

GEPRESSTES SUSHI MIT LACHS, ZITRONE, MAYONNAISE UND AVOCADO

ERGIBT 8–10 STÜCK

1/2 Portion frisch zubereiteter Sushi-Reis (s. S. 10)

2 EL japanische Mayonnaise

2 TL abgeriebene Zitronenschale

150 g Räucherlachs

1 große reife Avocado, in dünnen Streifen

Zum Servieren

eingelegter Ingwer

Wasabi

Oshi waku sind Holzkästen zum Pressen von Sushi. Sie bestehen aus einem Rahmen sowie einem abnehmbaren Deckel und Boden; sie sind in verschiedenen Größen erhältlich.

Ein Oshi waku oder eine Terrinenform (am besten mit herunterklappbaren Seiten) einfetten und großzügig mit Frischhaltefolie auslegen, sodass die Folie an den Rändern überhängt. Dadurch lässt sich das fertige Sushi leichter herausheben. Eine 3 cm dicke Schicht Reis in der Form verteilen. Mayonnaise mit Zitronenschale mischen und auf dem Reis verstreichen. Räucherlachs und Avocado in dicken Streifen diagonal auf dem Reis auslegen. Die Sushi-Masse mit einem Stück Frischhaltefolie abdecken, eine zweite Terrinenform darauf stellen und z. B. mit Konserven beschweren, um alles zusammenzudrücken.

Das Sushi 15 Minuten kalt stellen. Die Gewichte und die zweite Form entfernen und das Sushi herausheben. Mit einem angefeuchteten, scharfen Messer in 8–10 Stücke schneiden. Mit eingelegtem Ingwer und Wasabi servieren.

GEPRESSTES SUSHI MIT TERIYAKI-THUNFISCH UND GRÜNEN BOHNEN

ERGIBT 15 STÜCK

200 g Thunfisch in Sushi-Qualität oder 1 Thunfischstück à 200 g, in dünnen Scheiben

2 EL Teriyaki-Sauce

1 EL Öl

10 grüne Bohnen, halbiert

Öl, zum Einfetten

1 TL geröstete Sesamsaat

1/2 Portion frisch zubereiteter Sushi-Reis (s. S. 10)

2 EL japanische Mayonnaise

Zum Servieren

eingelegter Ingwer

Wasabi

Die Thunfischstücke in der Teriyaki-Sauce wenden und in einer Pfanne von beiden Seiten je 1 Minute in Öl braten. Die Bohnen in kochendem Wasser 10 Minuten kochen, unter fließend kaltem Wasser abschrecken und abtropfen lassen.

Ein Oshi waku oder eine quadratische Form (18 cm Seitenlänge) mit herausnehmbarem Boden einfetten und großzügig mit Frischhaltefolie auslegen, sodass die Folie an den Rändern überhängt. Dadurch lässt sich das fertige Sushi leichter herausheben. Die Frischhaltefolie mit Öl bestreichen und die Sesamsaat darauf streuen. Eine 3 cm dicke Schicht Reis in der Form verteilen. Mayonnaise auf dem Reis verstreichen. Thunfisch und Bohnen in Streifen abwechselnd diagonal auf dem Reis auslegen. Die Sushi-Masse mit einem Stück Frischhaltefolie abdecken, eine zweite Form darauf stellen und z. B. mit Konserven beschweren, um alles zusammenzudrücken.

Das Sushi 15 Minuten kalt stellen. Die Gewichte und die zweite Form entfernen und das Sushi herausheben. Mit einem angefeuchteten, scharfen Messer in etwa 15 Stücke schneiden. Mit eingelegtem Ingwer und Wasabi servieren.

Eingelegte Ingwerscheiben klären den Gaumen zwischen verschiedenen Arten von Sushi. Eingelegter Ingwer wird in Plastiktüten verkauft und ist häufig leuchtend rosa gefärbt.

GEPRESSTES SUSHI MIT RÄUCHERLACHS UND GURKE

ERGIBT 8–10 STÜCK

Öl, zum Einfetten

1/2 Portion frisch zubereiteter Sushi-Reis (s. S. 10)

2 EL japanische Mayonnaise

200 g Räucherlachs

1/2 Gurke, geschält und in sehr dünnen Scheiben

Garnierung

2 Zitronen, in Spalten geschnitten

1 Hand voll Minzezweige

Ein Oshi waku oder eine Terrinenform (am besten mit herunterklappbaren Seiten) einfetten und großzügig mit Frischhaltefolie auslegen, sodass die Folie an den Rändern überhängt. Dadurch lässt sich das fertige Sushi leichter herausheben. Eine 3 cm dicke Schicht Reis in der Form verteilen. Mayonnaise auf dem Reis verstreichen. Räucherlachs und Gurkenscheiben in diagonalen Streifen abwechselnd auf dem Reis auslegen. Falls genug Belagmaterial vorhanden ist, können Sie die Deckschicht mit einer zweiten Lachsschicht aufstocken. Die Sushi-Masse mit einem Stück Frischhaltefolie abdecken, eine zweite Form darauf stellen und z. B. mit Konserven beschweren, um alles zusammenzudrücken.

Das Sushi 15 Minuten kalt stellen. Die Gewichte und die zweite Form entfernen und das Sushi herausheben. Mit einem angefeuchteten, scharfen Messer in 8–10 Stücke schneiden. Mit Zitronenspalten und Minzezweigen garnieren.

Räucherlachs passt wegen seiner Konsistenz gut zu Sushi. Wenn Sie dickere Scheiben wünschen, können Sie auch ein Stück Filet kaufen und es selbst in Scheiben schneiden.

GEPRESSTES CALIFORNIA-SUSHI

ERGIBT 15 STÜCK

Öl, zum Einfetten

1/2 Portion frisch zubereiteter Sushi-Reis (s. S. 10)

1 TL geröstete Sesamsaat

2 EL japanische Mayonnaise

1/2 Avocado, in Scheiben

4 Stück Surimi, längs in Scheiben geschnitten, oder gegartes, küchenfertiges Krebsfleisch

1/2 Gurke, geschält und in sehr dünnen Scheiben

Garnierung

Zitronenscheiben

Dill

eingelegter Ingwer

Wasabi

Ein Oshi waku oder eine quadratische Form (18 cm Seitenlänge) mit herausnehmbarem Boden einfetten und großzügig mit Frischhaltefolie auslegen, sodass die Folie an den Rändern überhängt. Dadurch lässt sich das fertige Sushi leichter herausheben. Eine 3 cm dicke Schicht Reis in der Form verteilen und mit Sesamsaat bestreuen. Die Mayonnaise auf dem Reis verstreichen. Avocado, Surimi und Gurke in breiten Streifen abwechselnd auf dem Reis auslegen. Die Sushi-Masse mit einem Stück Frischhaltefolie abdecken, eine zweite Form darauf stellen und z. B. mit Konserven beschweren, um alles zusammenzudrücken.

Das Sushi 15 Minuten kalt stellen. Die Gewichte und die zweite Form entfernen und das Sushi herausheben. Mit einem angefeuchteten, scharfen Messer in etwa 15 Stücke schneiden. Mit Zitronenscheiben, Dill, eingelegtem Ingwer und einem halben Teelöffel Wasabi servieren.

Wasabi wird normalerweise als Paste oder Pulver verkauft und besteht aus einer geriebenen grünlichen Wurzel. Das Pulver lässt sich mit Wasser zu einer Paste verrühren und ist oft von höherer Qualität als die fertige Paste in der Tube. Wasabi nimmt dem Sushi den Fischgeschmack; es ist jedoch sehr scharf und sollte nur in kleinen Mengen verwendet werden.

MEDITERRANES SUSHI

ERGIBT 15 STÜCK

2 rote Paprika

1/2 Portion frisch zubereiteter Sushi-Reis (s. S. 10)

Öl, zum Bestreichen

100 g Mozzarella, in dünne Scheiben geschnitten

1 Hand voll kleiner Basilikumblätter

4 getrocknete Tomaten in Öl, abgetropft und in Streifen geschnitten

Den Ofen auf 200 °C vorheizen. Die Paprika auf ein Backblech legen und 30 Minuten backen, bis die Haut sich schwarz verfärbt und beginnt, sich zu lösen. Abkühlen lassen und häuten. Jede Paprika halbieren, entkernen und in Streifen schneiden.

Ein Oshi waku oder eine quadratische Form (18 cm Seitenlänge) mit herausnehmbarem Boden einfetten und großzügig mit Frischhaltefolie auslegen, sodass die Folie an den Rändern überhängt. Dadurch lässt sich das fertige Sushi leichter herausheben. Eine 3 cm dicke Schicht Reis in der Form verteilen und mit wenig Öl bestreichen, damit die Garnierung besser haftet.

Paprika und Mozzarella in breiten Streifen abwechselnd diagonal auf dem Reis auslegen, in dünneren Streifen abwechselnd Basilikumblätter und getrocknete Tomaten dazwischen legen. Die Sushi-Masse mit einem Stück Frischhaltefolie abdecken, eine zweite Form darauf stellen und z. B. mit Konserven beschweren, um alles zusammenzudrücken.

Das Sushi 15 Minuten kalt stellen. Die Gewichte und die zweite Form entfernen und das Sushi herausheben. Mit einem angefeuchteten, scharfen Messer in 15 Stücke schneiden.

Gepresstes Sushi muss mit festem, gleichmäßigem Druck zusammengedrückt werden, damit die Garnierung flach bleibt. Sie können auch umgekehrt zuerst die Zutaten auf dem Boden der Form verteilen und den Reis darüber festdrücken.

SUSHI-SCHALE MIT RÄUCHERMAKRELE

FÜR 4 PERSONEN

8 Zuckererbsen

5-cm-Stück Daikon (japanischer Rettich), geschält

1 Portion frisch zubereiteter Sushi-Reis (s. S. 10)

Saft und abgeriebene Schale von 1 Zitrone

2 Frühlingszwiebeln, fein gehackt

2 Räuchermakrelen, gehäutet und diagonal in Streifen geschnitten

1/2 Gurke, geschält und in dünnen Scheiben

Garnierung

eingelegter Ingwer

geröstetes Nori, in Streifen

Wasabi

Daikon ist ein langer, weißer Rettich mit knackigem weißem Fleisch und pfeffrigem Geschmack. Er passt gut zu Fisch und wird häufig fein gerieben zum Garnieren verwendet.

Die Zuckererbsen 1 Minute in sprudelnd kochendem Salzwasser garen. Abtropfen lassen und zum Abkühlen beiseite stellen. Den Daikon mit einem Gemüsehobel (feinste Reibe) oder einem sehr scharfen Messer schnitzeln. Wenn Sie ein Messer verwenden, den Daikon in lange, dünne Scheiben schneiden und die Scheiben einzeln längs in möglichst dünne Streifen schneiden.

Den Sushi-Reis mit Zitronensaft und -schale vermischen.

Den Reis auf 4 Schalen verteilen – die Füllhöhe sollte etwa 2 cm betragen. Mit Frühlingszwiebeln bestreuen. Makrele, Gurke, Zuckerschoten und Daikon auf dem Reis anrichten. Mit eingelegtem Ingwer, Nori-Streifen und einem halben Teelöffel Wasabi garnieren.

SUSHI-SCHALE MIT STEAK IN SOJAGLASUR

FÜR 4 PERSONEN

8 getrocknete Shiitake-Pilze

5-cm-Stück Daikon (japanischer Rettich), geschält

5-cm-Stück Karotte, geschält

1 EL Sojasauce

1 TL Mirin

1 TL brauner Zucker

200 g Rumpsteak, Fettrand abgeschnitten

1 Portion frisch zubereiteter Sushi-Reis (s. S. 10)

Garnierung

geröstetes Nori, in Streifen

Wasabi

Zum Servieren

eingelegter Ingwer

Die Pilze mit kochendem Wasser übergießen und 20 Minuten einweichen, anschließend im Sud 3 Minuten köcheln lassen. Herausnehmen und das Wasser ausdrücken. 4 Pilze klein hacken und die übrigen halbieren. Daikon und Karotte mit einem Gemüsehobel (feinste Reibe) oder einem sehr scharfen Messer schnitzeln. Wenn Sie ein Messer verwenden, Daikon und Karotte in lange, dünne Scheiben schneiden und die Scheiben einzeln längs in möglichst dünne Streifen schneiden.

Den Backofengrill vorheizen. Sojasauce mit Mirin und braunem Zucker vermischen und das Steak damit bestreichen. Das Steak von jeder Seite 3 Minuten grillen. 1 Minute ruhen lassen und in Streifen schneiden.

Den Sushi-Reis mit den gehackten Shiitake-Pilzen vermengen. Dann den Reis auf 4 Schalen verteilen – die Füllhöhe sollte etwa 2 cm betragen. Fleischstreifen und Pilzhälften auf dem Reis anrichten und in jede Schale einen Löffel Daikon- und Karottenstreifen geben. Mit Nori-Streifen und ein wenig Wasabi garnieren, eingelegten Ingwer extra servieren.

Mirin ist süßer Reiswein, der zum Würzen verwendet wird. Er verleiht dem Sushi-Reis Glanz und einen typischen Geschmack. Es gibt 2 Sorten: Hon Mirin und Shin Mirin, wobei Hon Mirin mehr Alkohol enthält.

SUSHI-SCHALE MIT GARNELEN, KREBS UND AVOCADO

FÜR 4 PERSONEN

6 große rohe Garnelen, ausgelöst

1 EL Öl

1 gekochter, küchenfertiger Krebs

1 Portion frisch zubereiteter Sushi-Reis (s. S. 10)

Saft und abgeriebene Schale von 1 Zitrone

1 reife Avocado, in Scheiben

1/2 Gurke, geschält und in Scheiben

Wenn die Garnelen gerade bleiben sollen, damit sie leichter in Reihen anzurichten sind, vor dem Garen längs mit einem Spieß durchbohren. So rollen sie sich nicht auf.

Die Garnelen von jeder Seite 2 Minuten im Öl gar braten. Abkühlen lassen und längs halbieren. Das Krebsfleisch aus der Schale lösen.

Den Sushi-Reis mit Zitronensaft und -schale vermischen.

Den Reis auf 4 Schalen verteilen – die Füllhöhe sollte etwa 2 cm betragen. Garnelen, Krebsfleisch, Avocado und Gurke auf dem Reis anrichten.

SUSHI-SCHALE MIT HUMMER UND WASABI-MAYONNAISE

FÜR 4 PERSONEN

1 gekochter Hummer

1 EL japanische Mayonnaise

1 TL Wasabi

1 Portion frisch zubereiteter Sushi-Reis (s. S. 10)

1 EL eingelegter Ingwer, sehr fein gehackt

1/2 Gurke, in Scheiben

1 reife Avocado, in Scheiben

Garnierung

eingelegter Ingwer

Wasabi

Das Hummerfleisch in möglichst großen Stücken aus der Schale lösen. Bei einem ganzen Hummer am besten den Kopf abdrehen und den Körper mit einem großen scharfen Messer oder Küchenbeil längs halbieren. Die Scheren müssen aufgeklopft werden. Dazu die Scheren mit einem Tuch abdecken und kräftig mit einem Nudelholz schlagen.

Die Mayonnaise mit dem Wasabi vermischen. Den Sushi-Reis mit fein gehacktem Ingwer vermengen.

Den Reis auf 4 Schalen verteilen – die Füllhöhe sollte etwa 2 cm betragen. Hummer, Gurke und Avocado auf dem Reis anrichten und Wasabi-Mayonnaise in die Zwischenräume träufeln. Mit eingelegtem Ingwer und einem halben Teelöffel Wasabi garnieren.

Hummer ist vorgekocht erhältlich. Wenn Sie ihn selbst kochen möchten, kaufen Sie unbedingt einen lebenden Hummer.

CHIRASHI-SUSHI AUF MUSCHELSCHALEN

ERGIBT 8 SCHALEN

8 Jakobsmuscheln mit Schale

1 EL Öl

Saft und abgeriebene Schale von 1/2 Limette

1/3 Portion frisch zubereiteter Sushi-Reis (s. S. 10)

1 Hand voll frische Korianderblätter

Garnierung

eingelegter Ingwer

Wasabi

3 EL japanische Mayonnaise

Die Muscheln auslösen und putzen, die Schalen säubern und zum Servieren beiseite legen. Zum Putzen der Muscheln den kleinen weißen, glänzenden Muskel und das Häutchen abziehen. Den orangefarbenen Rogen nicht entfernen, die eventuell vorhandene schwarze Ader jedoch abschneiden, am besten mit einer Schere. Das Öl in einer Pfanne erhitzen und die Muscheln kurz von beiden Seiten anbräunen, bis sie gar sind. Jede Muschel mit etwas Limettensaft beträufeln und abkühlen lassen.

Den Sushi-Reis mit dem übrigen Limettensaft und der Limettenschale vermischen.

Den Reis auf 8 Muschelschalen verteilen, dazu in jede Schale 1–2 Esslöffel Reis setzen und oben etwas abflachen. Das Muschelfleisch mit einigen Korianderblättern auf dem Reis anrichten und jeweils mit einem Stück eingelegtem Ingwer, ein wenig Wasabi und Mayonnaise garnieren. Auf einer Servierplatte mit Stäbchen servieren.

Jakobsmuscheln sind in der Schale erhältlich; vielleicht kann sie der Fischhändler für Sie putzen. Jakobsmuschelschalen werden zur Dekoration auch einzeln verkauft.

Eingewickelte, handgerollte Sushis (Temaki-zushi) eignen sich ausgezeichnet als Snack – sie reichen für mehrere Bissen und sind schnell sättigend. Sushi-Schiffchen (Gunkanmaki) sind eine hübsche Ergänzung der Sushi-Platte, weil sie eine weitere Form ins Spiel bringen.

Der Legende nach wurden handgerollte Sushis für japanische Gangster erfunden, damit sie beim Kartenspielen essen konnten. Die Rollen sind zum Verzehr aus der Hand gedacht und besonders leicht aufzunehmen. Am besten werden sie erst kurz vor dem Verzehr zubereitet, damit das Nori fest bleibt. Sie können handgerollte Sushis fertig servieren oder aber den Reis und die Füllungen in Schalen auf den Tisch stellen. Reichen Sie jedem Gast dazu einen Stapel Nori-Blätter, damit er seine Sushi selbst rollen kann. Am besten streichen Sie schon bei der

TEIL 3 EINGEWICKELTES SUSHI

Vorbereitung etwas Wasabi auf das Nori-Blatt und träufeln etwas Sojasauce darauf, da handgerollte Sushi sich nicht so gut zum Dippen eignen. Minirollen aus kleineren Nori-Blättern sind hervorragende Sacks bei einem Stehempfang.

Für Sushi-Schiffchen wird ein Stück Nori um eine recht kleine Menge Reis gewickelt. Diese Art von Sushi eignet sich am besten für Garnierungen wie Fischrogen oder für etwas weichere Mischungen wie Thunfisch-Mayonnaise oder Eier-Mayonnaise. Auch fertige Brotaufstriche oder Salatsaucen sind gute Füllungen, denn der Reis absorbiert die überschüssige Flüssigkeit. Die Größe der Sushi-Schiffchen können Sie selbst bestimmen, sie sollten jedoch in einem oder zwei Bissen gegessen werden können.

HANDROLLEN MIT LACHS UND SÜSS-SCHARFER CHILISAUCE

ERGIBT 6 STÜCK

1 Lachsstück à 150 g mit Haut

Salz und Pfeffer

1 EL Öl

1/4 Portion frisch zubereiteter Sushi-Reis (s. S. 10)

3 geröstete Nori-Blätter, halbiert

2 Frühlingszwiebeln, halbiert und in schmale Streifen geschnitten

4 EL japanische Mayonnaise

2 EL süß-scharfe Chilisauce

Zum Servieren

Gurkenstreifen

Den Lachs mit Salz und Pfeffer würzen. Das Öl in einer Pfanne stark erhitzen und den Lachs mit der Hautseite nach unten hineinlegen. 2 Minuten braten, bis die Haut sehr knusprig ist, auf mittlere Hitze reduzieren und weitere 2 Minuten garen. Den Lachs umdrehen und 1 Minute, oder bis er gar ist, weiterbraten. Abkühlen lassen und mit den Händen in große Stücke teilen, dabei etwas Fleisch an der knusprigen Haut lassen.

Ein Stück Nori auf die Arbeitsfläche legen und etwas Reis gleichmäßig so darauf verteilen, dass er die unteren zwei Drittel des Nori bedeckt. Ein Sechstel des Lachses, der Lachshaut und der Frühlingszwiebeln auf dem Reis auslegen, etwas Mayonnaise darüber geben und mit ein wenig süß-scharfer Chilisauce beträufeln. Das Nori-Stück zu einem Kegel rollen, dabei die untere Kante einschlagen. Die Nahtstelle mit einigen zerdrückten Reiskörnern verkleben. Mit den restlichen Nori-Stücken ebenso verfahren. Mit Gurke garnieren.

Süß-scharfe Chilisauce wird von vielen Herstellern angeboten. Die besten sind thailändische Saucen, erhältlich in Asia-Shops.

TINTENFISCH-HANDROLLEN MIT SALZ UND PFEFFER

ERGIBT 6 STÜCK

12 Tintenfischringe

4 EL Mehl

1 TL Szechuanpfeffer oder schwarzer Pfeffer, zerstoßen

1 TL Meersalz, zerstoßen

Öl, zum Braten

3 geröstete Nori-Blätter, halbiert

1/4 Portion frisch zubereiteter Sushi-Reis (s. S. 10)

4 EL japanische Mayonnaise

Die Tintenfischringe häuten und halbieren. Das Mehl mit Pfeffer und Salz vermischen und mit den Tintenfischstücken in einen Gefrierbeutel geben. Den Beutel verschließen und gut schütteln, bis die Tintenfischstücke vollständig mit Mehl überzogen sind.

Einen Wok etwa 2 cm hoch mit Öl füllen und stark erhitzen. Die Tintenfischstücke portionsweise zugeben und unter Rühren 1 Minute frittieren. Auf Küchenpapier abtropfen lassen.

Ein Stück Nori auf die Arbeitsfläche legen und etwas Reis gleichmäßig so darauf verteilen, dass er die unteren zwei Drittel des Blattes bedeckt. Ein Sechstel der Tintenfischstücke auf dem Reis auslegen und etwas Mayonnaise darüber geben. Das Nori-Stück zu einem Kegel aufrollen, dabei die untere Kante einschlagen. Die Nahtstelle mit einigen zerdrückten Reiskörnern verkleben. Mit den restlichen Nori-Stücken ebenso verfahren.

Szechuanpfeffer ist kein echter Pfeffer, sondern wird aus den roten Beeren der Stachelesche hergestellt. Die japanische Version heißt Sansho und ist mit Szechuanpfeffer vergleichbar.

HANDROLLEN MIT KABELJAU UND REMOULADE

ERGIBT 6 STÜCK

6 panierte, frisch ausgebackene Filetstreifen vom Kabeljau oder Schellfisch

3 geröstete Nori-Blätter, halbiert

1/4 Portion frisch zubereiteter Sushi-Reis (s. S. 10)

3 EL Remoulade, plus etwas mehr zum Servieren

3 Frühlingszwiebeln, halbiert und in schmale Streifen geschnitten

Die panierten Filetstreifen abkühlen lassen und in 4 cm große Stücke schneiden.

Ein Stück Nori auf die Arbeitsfläche legen und etwas Reis gleichmäßig so darauf verteilen, dass er die unteren zwei Drittel des Blattes bedeckt. Etwas Remoulade auf dem Reis verstreichen und ein Sechstel der Filetstreifen und der Frühlingszwiebeln darauf auslegen. Das Nori-Stück zu einem Kegel rollen, dabei die untere Kante einschlagen. Die Nahtstelle mit einigen zerdrückten Reiskörnern verkleben. Mit den restlichen Nori-Stücken ebenso verfahren. Mit etwas Remoulade zum Dippen servieren.

Remoulade ist überall erhältlich. Achten Sie beim Einkauf auf eine gute Qualität. Wenn Sie keine Remoulade mögen, verwenden Sie stattdessen Mayonnaise.

HANDROLLEN MIT ENTE UND HOISIN-SAUCE

ERGIBT 6 STÜCK

¼ gebratene Ente oder Pekingente

4 EL Hoisin- oder Pflaumensauce

3 geröstete Nori-Blätter, halbiert

¼ Portion frisch zubereiteter Sushi-Reis (s. S. 10)

2 Frühlingszwiebeln, halbiert und in schmale Streifen geschnitten, plus einige Streifen zum Garnieren

Entenfleisch und Haut in großen Stücken abziehen und in Streifen schneiden. Wenn genug Haut vorhanden ist, nur die knusprigsten Stücke verwenden. Überschüssiges Fett wegschneiden. Entenfleisch und Haut in der Hälfte der Hoisin- oder Pflaumensauce wenden.

Ein Stück Nori auf die Arbeitsfläche legen und etwas Reis gleichmäßig so darauf verteilen, dass er die unteren zwei Drittel des Blattes bedeckt. Ein Sechstel des Entenfleisches, der Haut und der Frühlingszwiebeln auf dem Reis auslegen und mit etwas Hoisin- oder Pflaumensauce beträufeln. Das Nori zu einem Kegel rollen, dabei die untere Kante einschlagen. Die Nahtstelle mit einigen zerdrückten Reiskörnern verkleben. Mit den übrigen Nori-Stücken ebenso verfahren. Mit Frühlingszwiebelstreifen garnieren.

Gebratene Ente erhalten Sie in manchen chinesischen Restaurants. Sie finden sie auch in Asia-Shops neben den chinesischen Fertiggerichten. Das Rezept lässt sich auch mit einer auf europäische Art gebratenen Ente zubereiten.

HANDROLLEN MIT THUNFISCH-TATAKI

ERGIBT 6 STÜCK

1 TL schwarzer Pfeffer

1 EL frisch geriebener Ingwer

1 EL Sesamsaat

150 g Thunfisch in Sushi-Qualität oder ganz frisches Thunfischfilet

Salz

2 EL Öl

3 geröstete Nori-Blätter, halbiert

1/4 Portion frisch zubereiteter Sushi-Reis (s. S. 10)

1/2 Gurke, in 5-cm-Streifen

4 EL japanische Mayonnaise

Wasabi

Pfeffer, Ingwer und Sesamsaat mischen und den Thunfisch damit einreiben, dabei die Gewürze fest andrücken. Den Fisch leicht salzen. Das Öl in einer Pfanne stark erhitzen und den Thunfisch von allen Seiten 5 Minuten scharf anbraten, bis er gar ist. Dabei den Fisch in die Pfanne drücken, bis er fest ist. Herausnehmen, abkühlen lassen und in dünne Streifen schneiden.

Ein Stück Nori auf die Arbeitsfläche legen und etwas Reis gleichmäßig so darauf verteilen, dass er die unteren zwei Drittel des Blattes bedeckt. Ein Sechstel des Thunfischs und der Gurke auf dem Reis auslegen und mit etwas Mayonnaise und sehr wenig Wasabi betupfen. Das Nori-Stück zu einem Kegel rollen, dabei die untere Kante einschlagen. Die Nahtstelle mit einigen zerdrückten Reiskörnern verkleben. Mit den restlichen Nori-Stücken ebenso verfahren.

Handrollen können in verschiedenen Größen hergestellt werden. Idealerweise sind sie groß genug, um in mehreren Bissen verspeist zu werden, Sie können aber auch kleinere Rollen von Kanapee-Größe anfertigen.

HANDROLLEN MIT GLASIERTEM AAL

ERGIBT 6 STÜCK

125 ml Sojasauce

2 EL Mirin

2 EL Sake

1 TL Honig (nach Belieben)

3 geröstete Nori-Blätter, halbiert

1/4 Portion frisch zubereiteter Sushi-Reis (s. S. 10)

2 Räucheraalfilets, längs in Streifen geschnitten

1/2 reife Avocado, in Streifen geschnitten

Der Aal (Unagi), der für Sushi verwendet wird, wird vor dem Garen mit einer Mischung aus Sojasauce, Sake und Mirin glasiert. Glasierter Aal ist in japanischen Läden erhältlich; Sie können aber auch die hier häufiger angebotenen Räucheraalfilets verwenden.

Sojasauce, Mirin und Sake in einem Topf 5 Minuten köcheln lassen, bis die Mischung leicht eindickt. Den Honig einrühren, abschmecken und nach Geschmack mehr Honig zugeben.

Ein Stück Nori auf die Arbeitsfläche legen und etwas Reis gleichmäßig so darauf verteilen, dass er die unteren zwei Drittel des Blattes bedeckt. Ein Sechstel des Aals auf dem Reis auslegen und alles großzügig mit der Sauce beträufeln. Einige Streifen Avocado zufügen. Das Nori-Stück zu einem Kegel rollen, dabei die untere Kante einschlagen. Die Nahtstelle mit einigen zerdrückten Reiskörnern verkleben. Mit den restlichen Nori-Stücken ebenso verfahren.

SUSHI-SCHIFFCHEN MIT LACHSROGEN

ERGIBT 8 STÜCK

1/3 Portion frisch zubereiteter Sushi-Reis (s. S. 10)

2 geröstete Nori-Blätter, längs in je 4 Streifen geschnitten

Wasabi

8 EL Rogen von Lachs oder Forelle

Zum Servieren

Sojasauce

eingelegter Ingwer

Den Reis in 8 Portionen aufteilen. Die Hände anfeuchten, damit der Reis nicht kleben bleibt, und aus jeder Portion ein Reisbällchen in Form einer verkürzten Krokette bilden. Um jedes Reisbällchen sorgfältig einen Nori-Streifen wickeln, der oben ein wenig über den Reis hinausragt. Den umwickelten Nori-Streifen bei Überlänge abschneiden und die Nahtstelle mit einigen zerdrückten Reiskörnern verkleben.

Auf jedes Sushi-Schiffchen etwas Wasabi tupfen und einen Esslöffel Lachsrogen darauf geben. Das Sushi sofort servieren, dazu Sojasauce und eingelegten Ingwer reichen.

Rogen wird häufig bei der Sushi-Herstellung verwendet. Er ist meist orangefarben und besteht aus den großen Lachseiern, Forelleneiern oder den winzigen Eiern des Fliegenden Fisches. Rogen ist in Gläsern erhältlich.

SUSHI-SCHIFFCHEN MIT GRÜNEN BOHNEN

ERGIBT 8 STÜCK

20 grüne Bohnen, in feine Streifen geschnitten

1 EL Sesamöl

1 EL geröstete Sesamsaat

Salz und Pfeffer

1 TL abgeriebene Zitronenschale

1/3 Portion frisch zubereiteter Sushi-Reis (s. S. 10)

2 geröstete Nori-Blätter, längs in je 4 Streifen geschnitten

Wasabi

Zum Servieren

Sojasauce

eingelegter Ingwer

Die grünen Bohnen mit etwas Wasser in einen Topf geben und zum Kochen bringen. 2 Minuten kochen lassen, abtropfen und in Sesamöl und Sesamsaat wenden. Mit Salz und Pfeffer abschmecken, die Zitronenschale unterrühren.

Den Reis in 8 Portionen aufteilen. Die Hände anfeuchten, damit der Reis nicht kleben bleibt, und aus jeder Portion ein Reisbällchen in Form einer verkürzten Krokette bilden. Um jedes Reisbällchen sorgfältig einen Nori-Streifen wickeln, der oben ein wenig über den Reis hinausragt. Den umwickelten Nori-Streifen bei Überlänge abschneiden und die Nahtstelle mit einigen zerdrückten Reiskörnern verkleben.

Auf jedes Sushi-Schiffchen etwas Wasabi tupfen und grüne Bohnen auf den Reis geben. Das Sushi sofort servieren, dazu Sojasauce und eingelegten Ingwer reichen.

Am besten lassen sich Bohnen mit einem Bohnenschnitzler in lange Streifen schneiden. Bohnenschnitzler bestehen aus einem Plastikgehäuse mit 5 oder 6 Schneidscheiben.

SUSHI-SCHIFFCHEN MIT RÄUCHERFORELLE

ERGIBT 8 STÜCK

1/3 Portion frisch zubereiteter Sushi-Reis (s. S. 10)

2 geröstete Nori-Blätter, längs in je 4 Streifen geschnitten

2 EL japanische Mayonnaise

1 TL abgeriebene Zitronenschale

2 TL Zitronensaft

2 Frühlingszwiebeln, fein gehackt

1 Räucherforellenfilet, mit der Hand in Stücke geteilt

50 g Räucherlachs, in Streifen geschnitten

Zum Servieren

Ponzu-Sauce (s. S. 16)

4 Radieschen, fein gehackt

Räucherforelle ist als Filet oder im Ganzen erhältlich. Ganze Forellen haben oft einen ausgeprägteren Geschmack.

Den Reis in 8 Portionen aufteilen. Die Hände anfeuchten, damit der Reis nicht kleben bleibt, und aus jeder Portion ein Reisbällchen in Form einer verkürzten Krokette bilden. Um jedes Reisbällchen sorgfältig einen Nori-Streifen wickeln, der oben ein wenig über den Reis hinausragt. Den umwickelten Nori-Streifen bei Überlänge abschneiden und die Nahtstelle mit einigen zerdrückten Reiskörnern verkleben.

Die Mayonnaise mit Zitronenschale und -saft vermischen und etwas davon auf jedem Sushi-Schiffchen verteilen. Mit Frühlingszwiebeln bestreuen und ein wenig Räucherforelle und Räucherlachs darauf legen. Das Sushi sofort servieren, dazu Ponzu-Sauce und gehackte Radieschen reichen.

KREBS-SCHIFFCHEN MIT ZITRONE UND PFEFFER

ERGIBT 8 STÜCK

1 kleiner gekochter küchenfertiger Krebs

1 TL abgeriebene Zitronenschale

1 TL schwarzer Pfeffer

2 EL japanische Mayonnaise

Salz

1/3 Portion frisch zubereiteter Sushi-Reis (s. S. 10)

2 geröstete Nori-Blätter, längs in je 4 Streifen geschnitten

Saft von 1 Zitrone

Garnierung

2 Zitronen, in Spalten geschnitten

Das Krebsfleisch aus der Schale lösen und mit Zitrone, Pfeffer und Mayonnaise vermischen. Mit Salz abschmecken.

Den Reis in 8 Portionen aufteilen. Die Hände anfeuchten, damit der Reis nicht kleben bleibt, und aus jeder Portion ein Reisbällchen in Form einer verkürzten Krokette bilden. Um jedes Reisbällchen sorgfältig einen Nori-Streifen wickeln, der oben ein wenig über den Reis hinausragt. Den umwickelten Nori-Streifen bei Überlänge abschneiden und die Nahtstelle mit einigen zerdrückten Reiskörnern verkleben.

Auf jedes Sushi-Schiffchen etwas Krebsmischung geben und mit einigen Tropfen Zitronensaft beträufeln. Das Sushi sofort servieren, dazu Zitronenspalten reichen.

Noch schneller geht es, wenn Sie konservierten, in Pfeffer und Zitrone eingelegten Thunfisch statt Krebsfleisch verwenden. Vor dem Gebrauch überschüssige Flüssigkeit abtropfen lassen und gut umrühren.

In Japan wird Sushi meist nach strengen Regeln zubereitet, aber auch geübte Sushiköche experimentieren mittlerweile mit neuen Zutaten für die Garnierung. Auch die traditionelle Reisfüllung wird teilweise durch Nudeln oder sogar Kartoffel oder Ei ersetzt, die Nori-Hülle durch rote Paprika und andere Zutaten. Sushi ist inzwischen aber ebenso zu einem Teil der modernen europäischen Esskultur geworden. Traditionell wird Sushi mit heißem oder kaltem Sake oder grünem Tee serviert. Allerdings werden diese urjapanischen Getränke immer mehr von Bier oder Wein abgelöst.

Dieses Kapitel enthält noch einige andere Gerichte, die in Sushi-Bars serviert werden. Tempura – kross frittierte Zutaten wie Fisch, Meeresfrüchte und Gemüse – passen hervorragend zu Sushi, weil sie sich von der Konsistenz und auch geschmacklich vollkommen abheben. Für Tempura eignen sich alle Arten von Fisch und Meeresfrüchten sowie die meisten festen

TEIL 4 SUSHI LOUNGE

Gemüsesorten, die schnell gar sind. Tempura muss heiß serviert werden, bereiten Sie es daher in letzter Minute zu. Miso-Suppe wird traditionell zum Sushi als Getränk gereicht. Sie können sie als Vorsuppe servieren, zusammen mit dem Sushi oder zur Erfrischung und Reinigung des Gaumens zum Abschluss.

Alle Sushi-Rezepte eignen sich gut als Vorspeisen bei Dinnerpartys, die zum Getränk gereicht werden. Stellen Sie einige Rezepte aus diesem Kapitel zusammen, dazu passende Rezepte aus anderen Kapiteln, und arrangieren Sie ein Menü für jeden einzelnen Gast, oder servieren Sie alles auf einer großen Platte. Bieten Sie dazu Miso-Suppe serviert in roten oder schwarzen Lackschalen an.

SOBA-ROLLEN

ERGIBT 24 STÜCK

1 EL Öl

125 g Thunfisch in Sushi-Qualität oder Thunfischfilet

100 g Soba-Nudeln, in Stücke gebrochen

1 Frühlingszwiebel, grüne Teile, in dünne Ringe geschnitten

1 EL helle Sojasauce

1/2 EL Reisessig

Wasabi

1 EL eingelegter Ingwer, fein gehackt

6 geröstete Nori-Blätter

1/2 Gurke, geschält und in feine Streifen geschnitten

Das Öl in einer Pfanne erhitzen und das Thunfischfilet von allen Seiten 6 Minuten anbraten, bis es fast gar ist. Den Sushi-Thunfisch oder das gebratene Thunfischfilet in Streifen schneiden.

Die Soba in einem Topf mit kochendem Wasser bissfest garen, abtropfen lassen und unter fließend kaltem Wasser abspülen. Gründlich abtropfen lassen. Soba vorsichtig mit Frühlingszwiebel, Sojasauce, Reisessig, etwas Wasabi und eingelegtem Ingwer mischen.

Die Nudeln in 6 gleich große Portionen teilen. Ein Nori-Blatt mit der glänzenden Seite nach unten auf eine Sushi-Matte legen und 1 Portion der Nudelmischung auf dem unteren Drittel verteilen. Ein Sechstel der Gurke obenauf legen, darauf eine Schicht Thunfisch legen.

Zum Rollen die Matte nach oben umschlagen, dabei an dem Ende mit den Zutaten beginnen und die Nori-Kante beim Rollen einschlagen. Die Matte nach oben ziehen und dabei mit gleichmäßigem, leichtem Druck weiterrollen. Die obere Kante der Sushi-Rolle mit Wasser anfeuchten, um sie zu verschließen. An den Seiten herausstehende Zutaten zurückdrücken. Die Ränder dürfen unfertig aussehen.

Die Rolle von der Matte nehmen und mit einem angefeuchteten, sehr scharfen Messer in 4 gleich große Stücke schneiden. Das Sushi mit den Schnittseiten nach unten auf einem Teller anrichten. Mit den restlichen Zutaten ebenso verfahren.

Soba sind lange, bräunlich graue Nudeln aus Buchweizen- und Weizenmehl. Sie können heiß oder wie hier kalt gegessen werden.

SUSHI-ROLLEN MIT GEBRATENEM LACHS UND SPINAT IN WASABI-KARTOFFELPÜREE

ERGIBT 24 STÜCK

2 große Kartoffeln, geviertelt

1 Frühlingszwiebel, fein gehackt

Wasabi

Salz

1 Lachsstück à 125 g oder 125 g Lachsfilet in Sushi-Qualität

1 EL Öl

6 geröstete Nori-Blätter

1 Hand voll Spinatblätter, Stängel entfernt

Die Kartoffeln in einem Topf in kochendem Salzwasser 15–20 Minuten garen, bis sie weich sind. Stampfen, mit Frühlingszwiebeln vermischen und mit Wasabi pikant abschmecken. Nach Geschmack salzen. 30 Minuten, oder bis der Brei sehr fest ist, kühlen.

Das Lachsstück häuten und entgräten. Das Öl in einer Pfanne erhitzen und den Lachs auf mittlerer Hitze von beiden Seiten 8 Minuten, oder bis er gar ist, braten, dann abkühlen lassen. Den Sushi-Lachs oder den gebratenen Lachs in Streifen schneiden.

Das Kartoffelpüree in 6 gleich große Portionen teilen. Ein Nori-Blatt mit der glänzenden Seite nach unten auf eine Sushi-Matte legen und 1 Portion Püree auf dem unteren Drittel verteilen. Ein Sechstel der Spinatblätter obenauf legen, darauf eine Schicht Lachs legen.

Zum Rollen die Matte nach oben umschlagen, dabei an dem Ende mit den Zutaten beginnen und die Nori-Kante beim Rollen einschlagen. Die Matte nach oben ziehen und dabei mit gleichmäßigem, leichtem Druck weiterrollen. Die obere Kante der Sushi-Rolle mit Wasser anfeuchten, um sie zu verschließen.

Die Rolle von der Matte nehmen und mit einem angefeuchteten, sehr scharfen Messer in 4 gleich große Stücke schneiden. Das Sushi mit der Schnittseite nach unten auf einem Teller anrichten. Mit den restlichen Zutaten ebenso verfahren.

Verwenden Sie für dieses Rezept eine vorwiegend fest oder mehlig kochende Kartoffelsorte wie Gloria oder Desiree. Das Kartoffelpüree muss glatt und fest sein, damit die Füllung zusammenklebt und sich gut rollen lässt.

SUSHI-ROLLEN MIT JAKOBSMUSCHELN, MAYONNAISE, KARTOFFELN UND SESAM

ERGIBT 24 STÜCK

2 große Kartoffeln, geviertelt

2 EL Butter

Salz und Pfeffer

1 EL Olivenöl

8 große Jakobsmuscheln, küchenfertig

6 geröstete Nori-Blätter

2 EL japanische Mayonnaise

2 EL geröstete Sesamsaat

Garnierung

Radieschen, in feinen Streifen

Die Kartoffeln in einem Topf mit kochendem Salzwasser 15–20 Minuten garen, bis sie weich sind. Mit der Butter stampfen und kräftig mit Salz und Pfeffer abschmecken. 30 Minuten kühlen, bis der Brei sehr fest ist.

Das Öl in einer Pfanne erhitzen und die Muscheln von beiden Seiten 2–3 Minuten garen. Jeweils in 3 Scheiben schneiden und nach Geschmack salzen.

Den Kartoffelbrei in 6 gleich große Portionen teilen. Ein Nori-Blatt mit der glänzenden Seite nach unten auf eine Sushi-Matte legen und 1 Portion Brei auf dem unteren Drittel verteilen. Etwas Mayonnaise auf dem Brei verteilen und mit Sesamsaat bestreuen. Ein Sechstel der Muschelscheiben darauf auslegen.

Zum Rollen die Matte nach oben umschlagen, dabei an dem Ende mit den Zutaten beginnen und die Nori-Kante beim Rollen einschlagen. Die Matte nach oben ziehen und dabei mit gleichmäßig leichtem Druck weiterrollen. Die obere Kante der Sushi-Rolle mit Wasser anfeuchten, um sie zu verschließen.

Die Rolle von der Matte nehmen und mit einem angefeuchteten, sehr scharfen Messer in 4 gleich große Stücke schneiden. Die Sushis mit der Schnittfläche nach unten auf einem Teller anrichten und mit Radieschen garnieren. Mit den restlichen Zutaten ebenso verfahren.

Für dieses Rezept können auch eine feste Weißfischsorte oder Lachsfilets verwendet werden. Braten, grillen oder dämpfen Sie dazu dicke Filetscheiben, bis sie fast gar sind.

SUSHI-TASCHEN

ERGIBT 8 STÜCK

4 Aburaage (frittierte Tofublätter)

175 ml Dashi-Brühe

3 EL Sojasauce

2 EL Zucker

1 EL Sake

1 EL geröstete Sesamsaat

1/4 Portion frisch zubereiteter Sushi-Reis (s. S. 10)

Die Tofublätter in eine Schüssel geben und mit kochendem Wasser übergießen, um überschüssiges Öl zu entfernen. Abtropfen und abkühlen lassen. Jedes Blatt vorsichtig zu einer Tasche aufklappen.

Dashi-Brühe, Sojasauce, Zucker und Sake in einem Topf verrühren und aufkochen. Die Tofutaschen zufügen und 10–15 Minuten köcheln lassen, bis die Flüssigkeit fast vollständig absorbiert ist. Vom Herd nehmen, abtropfen und abkühlen lassen. Überschüssige Flüssigkeit mit einem sauberen Geschirrtuch ausdrücken – die Taschen sollten feucht, aber nicht nass sein.

Die Sesamsaat unter den Sushi-Reis mischen. Die Taschen mit der Reismischung füllen und die Öffnung zum Verschließen einmal falten. Bei Raumtemperatur servieren.

Bei der Herstellung von Aburaage wird die Haut von Sojamilch abgeschöpft und getrocknet. Die Blätter werden für diese Inari-Sushi genannten Sushi-Taschen verwendet und können getrocknet oder auch vorgewürzt gekauft werden.

THUNFISCH-SESAM-ROLLEN

ERGIBT 12 STÜCK

8 cm x 6 cm großes Mittelstück vom Thunfischfilet (2 cm dick)

2 TL Sesamöl

2 EL geröstete Sesamsaat

3 kleine geröstete Nori-Blätter, längs in 4 Streifen geschnitten

2 EL Öl

Den Thunfisch in 12 Würfel schneiden und erst in Sesamöl, dann in der Sesamsaat wenden.

Jeden Würfel in einen Nori-Streifen wickeln, die dabei überstehende Nori-Kante abschneiden, sodass der Streifen mit wenig Überlappung genau einmal um den Thunfischwürfel reicht. Die Nori-Kante mit etwas Wasser befeuchten, um die Rolle zu verschließen.

Das Öl in einer Pfanne erhitzen und die Würfel mit der Thunfischseite in die Pfanne setzen. 2 Minuten garen, dann von der anderen Seite braten. Die Sesamsaat sollte dunkelbraun, aber nicht verbrannt sein und der Thunfisch fast gar. In der Mitte bleibt ein Stück roh. Soll der Fisch durchgegart sein, von beiden Seiten etwas länger braten.

Sesamöl gibt es in 2 Variationen: helles, ungeröstetes Öl, meist aus dem Nahen Osten, und dunkles, geröstetes Öl, normalerweise aus Asien oder China. Das geröstete Öl ist deutlich stärker im Geschmack.

SPARGEL-OMELETT-ROLLEN MIT PONZU-SAUCE

ERGIBT 6–8 STÜCK

8 Stangen grüner Spargel
4 Eier
1 EL Wasser
1 EL Mirin
1 TL Sojasauce
1/2 EL Öl

Zum Servieren
Ponzu-Sauce (s. S. 16)

Den Spargel flach in einen mit kochendem Wasser gefüllten Topf legen und weich garen. Abkühlen lassen.

Die Eier mit Wasser, Mirin und Sojasauce verrühren. Das Öl in einer antihaftbeschichteten Pfanne erhitzen und die Eiermischung hineingeben. Auf einer Seite garen, bis die Mischung auf der Oberseite gerade gestockt ist. Die Spargelstangen nebeneinander auf einer Seite des Omeletts auslegen.

Die Pfanne schütteln, um das Omelett zu lösen, das Omelett vom Spargelende her aufrollen. Dazu die Pfanne so nach vorne neigen, dass das Omelett an der Vorderseite hochrutscht. Mit 2 Stäbchen umklappen und weiter wie eine Biskuitrolle aufrollen.

Ein Stück Frischhaltefolie in die Mitte einer Sushi-Matte legen. Das Omelett auf die Frischhaltefolie stürzen und in der Matte einrollen, damit es seine Form behält. Abkühlen lassen.

Die Rolle von der Matte nehmen und mit einem angefeuchteten, sehr scharfen Messer in 2 cm lange Stücke schneiden. Die Stücke aufrecht auf einem Teller anrichten und mit der Ponzu-Sauce zum Dippen servieren.

Ponzu-Sauce wird traditionell aus Ponzu (Kalamansi) hergestellt, einer asiatischen Zitronenart. Stattdessen kann auch Zitronen- oder Limettensaft verwendet werden.

GARNELEN-ROLLEN

ERGIBT 12 STÜCK

2 rote Paprika

1 kleine reife Avocado, in Scheiben geschnitten

8 große gekochte Garnelen, ausgelöst

Salz und Pfeffer

Den Ofen auf 200 °C vorheizen. Die Paprika auf ein Backblech setzen und 30 Minuten backen, bis die Haut schwarz wird und sich zu lösen beginnt. Abkühlen lassen und häuten. Jede Paprika halbieren und entkernen.

Die Paprikahälften auf ein Schneidebrett legen und auf eine Seite Avocadoscheiben geben. In jede Hälfte 2 Garnelen legen und kräftig mit Salz und Pfeffer würzen. Die Paprika eng aufrollen, jede Rolle fest in Frischhaltefolie einwickeln und 30 Minuten kalt stellen.

Die Frischhaltefolie vorsichtig von den Paprikarollen lösen und die Enden der Rollen abschneiden, sodass die Rollen gerade sind. Jede Rolle mit einem angefeuchteten, sehr scharfen Messer in 3 Stücke schneiden. Die Stücke aufrecht auf einem Teller anrichten.

Avocado für Sushi sollte fest und reif sein, jedoch nicht überreif. Der Druck beim Aufrollen des Sushi würde sie sonst zerquetschen.

GEMÜSE- UND TOFU-TEMPURA

FÜR 4 PERSONEN

1 Kartoffel

1/2 Butternut-Kürbis

1 kleine Süßkartoffel

1 kleine Aubergine

150 g Tempura-Mischung

6 grüne Bohnen, Enden abgeschnitten

1 rote Paprika, in breite Streifen geschnitten

1 Brokkoli, in Röschen geteilt

6 ganze Shiitake-Pilze oder Champignons, Stiel geputzt

350 g fester Tofu, gewürfelt

Öl, zum Frittieren

einige Tropfen Sesamöl

Zum Servieren

süß-scharfe Chilisauce

Kartoffel, Kürbis und Süßkartoffel schälen und zusammen mit der Aubergine in 1 cm dicke Scheiben schneiden.

Die Tempura-Mischung nach Packungsangabe mit Wasser zu einem klumpigen Teig voller Luftblasen verrühren. Den Teig nicht glatt rühren, da er sonst zu schwer wird. Sofort weiterverarbeiten, damit sich kein Bodensatz bildet.

Alle Gemüsestücke, die Pilze und Tofuwürfel in den Teig geben.

Das Öl in einer Pfanne auf 180–190 °C erhitzen, bis ein Brotwürfel in 30 Sekunden braun wird. Einige Tropfen Sesamöl zufügen.

Das Tempura portionsweise in das Öl geben, jeweils 2–3 Stück gleichzeitig. Werden zu viele Stücke zusammen frittiert, sinkt die Öltemperatur, und der Teig bleibt weich. Sobald die Tempura-Stücke eine sehr helle Goldfärbung annehmen, nach etwa 2–3 Minuten, die Stücke herausnehmen und möglichst viel Öl abschütteln. 30 Sekunden auf ein Stück Küchenpapier legen, um überschüssiges Öl aufzusaugen.

Dieses Gericht wird sehr heiß mit süß-scharfer Chilisauce serviert.

Tofu wird in den meisten Supermärkten fertig abgepackt verkauft; in japanischen oder chinesischen Geschäften finden Sie jedoch eine deutlich größere Auswahl. Seidentofu ist sehr weich und bricht leicht, hat aber eine schöne Konsistenz. Fester Tofu ist härter und einfacher zu verarbeiten. Die japanische Version heißt nigari.

MEERESFRÜCHTE-TEMPURA

FÜR 4 PERSONEN

8 große rohe Garnelen, ausgelöst

8 Tintenfischringe

4 Jakobsmuscheln, küchenfertig

200 g festes Weißfischfilet, in Streifen geschnitten

150 g Tempura-Mischung

Öl, zum Frittieren

einige Tropfen Sesamöl

Zum Servieren

japanische Sojasauce (Shoyu)

Die Garnelen an der Unterseite mehrmals leicht einschneiden, damit sie sich beim Garen nicht einrollen. Dann die Tintenfischringe häuten.

Die Tempura-Mischung nach Packungsangabe mit Wasser zu einem klumpigen Teig voller Luftblasen verrühren. Den Teig nicht glatt rühren, da er sonst zu schwer wird. Sofort weiterverarbeiten, damit sich kein Bodensatz bildet. Alle Meeresfrüchte und den Fisch in den Teig geben.

Das Öl in einer Pfanne auf 180–190 °C erhitzen, bis ein Brotwürfel in 30 Sekunden braun wird. Einige Tropfen Sesamöl zufügen.

Das Tempura portionsweise in das Öl geben, jeweils 2–3 Stück zusammen. Werden zu viele Stücke gleichzeitig frittiert, sinkt die Öltemperatur, und der Teig bleibt weich. Sobald die Tempura-Stücke eine sehr helle Goldfärbung annehmen, nach etwa 2–3 Minuten, die Stücke herausnehmen und möglichst viel Öl abschütteln. 30 Sekunden auf ein Stück Küchenpapier legen, um überschüssiges Öl aufzusaugen.

Dieses Gericht wird sehr heiß mit Sojasauce zum Dippen serviert.

Tempura-Mischungen sind in Paketen erhältlich und müssen nur mit Wasser angerührt werden. Widerstehen Sie der Versuchung, einen glatten Teig herzustellen – mit einem klumpigen Teig gelingt das Tempura besser.

MISO-SUPPE

FÜR 4 PERSONEN

1 Liter Wasser

2 TL Dashi-Pulver

200 g weicher Tofu, in 1-cm-Würfel geschnitten

4 Shiitake-Pilze oder Champignons, in Scheiben geschnitten

4 EL Miso

2 Frühlingszwiebeln, gehackt

Wasser und Dashi in einem Topf zum Kochen bringen. Tofu und Pilze zufügen, die Hitze reduzieren und 3 Minuten leicht köcheln lassen. Das Miso einrühren und weiterköcheln, bis es sich vollständig aufgelöst hat. Den Herd ausschalten, die Frühlingszwiebel zufügen und sofort servieren – je länger die Miso-Suppe steht, desto mehr Bodensatz bildet sich.

Dashi ist eine Suppengrundlage aus Bonitoflocken, Kombu und Wasser. Es ist als Dashi-Pulver erhältlich und braucht nur mit Wasser angerührt zu werden.

REGISTER